하나님이 어떻게
말씀만으로 **만물**을
창조할 수 있나?

비기독교인과 초신자를 위한
7문7답 전도지 가이드판1

하나님이 어떻게 말씀만으로 만물을 창조할 수 있나?

안환균 지음

변증전도연구소

목차

말씀으로 창조하다니, 옛날에나 통하던 신화 아닌가?

"말씀으로 창조하다니, 옛날사람들이나 세상을 잘 몰라서 만든 상징적인 신화 아닌가?" 하나님이 말씀으로 만물을 창조하셨다는 성경의 선언에 대해 오늘날 사람들이 가장 흔히 보이는 반응입니다. 현대 사회에는 만물이 무작위적 우연의 산물이라는 설명이 상식처럼 받아들여지는 과학주의적 세계관이 널리 퍼져 있습니다. 이러한 시대 분위기 속에서 하나님의 창조는 종종 미신으로 치부되고, 기독교 신앙은 지성을 포기한 태도로 오해받곤 합니다. 그러나 아이러니하게도 현대 과학이 밝혀낸 우주의 수학적 질서와 정보 구조에 대한 이해는, 성경의 창조 기사에서 핵심을 이루는 '말씀을 통한 창조'가 결코 비합리적인 신화가 아니라는 사실을 강력하게 뒷받침해줍니다.

성경이 말하는 창조의 근원은 우연이 아니라 하나님의 말씀, 곧 로고스(Logos)입니다. 여기서 말씀은 단순히 입 밖으로 내뱉는 소리의 파동이 아닙니다. 그것은 세계를 존재하게 하는 질서와 의미의 근원이며, 우주를 성립시키는 지성과 의지의 표현입니다. 다시 말해 성경의 창조 신앙은 우주에 목적과 의미가 있다는 대담한 선언입니다. 그리고 성경은 여기서 멈추지 않습니다. 더 놀라운 사실은 이 말씀이 동정녀 마리아의 몸을 통해 눈에 보이는 육신을 입고 인류 역사 속에 실제로 나타났다는 것입니다. 이 사건은 말씀이 물질 세계와 무관한 추상적 관념이 아니라 이 세계를 창조하고 지금도 떠받치고 있는 실제적 근원이라는 사실을 보여줍니다.

그렇다면 성경에 기록된 말씀을 통한 창조는 단지 우주의 기원에 대한 설명으로만 끝날 수 없습니다. 만일 이 세계가 인격적인 말씀을 통해 하나님의 의도가 구현된 창조물이라면, 그 말씀으로 창조된 인간 역시 그 말씀과 무관한 존재일 수 없습니다. 결국 우리 각자는 "그 하나님과 나는 어떤 관계에 있는가?", "나는 지금 그분의 창조 사건 안에서 어떻게 살아가고 있는가?"라는 질문 앞에 서지 않을 수 없습니다.

이 작은 책은 바로 이러한 본질적인 질문을 던질 수 있도록 말씀을 통한 하나님의 창조 사건을 둘러싼 논리적, 과학적 접점들을 조명했습니다. 믿음을 강요하거나 정답을 주입하려는 의도는 아닙니다. 다만 우리가 살아가는 이 세계의 뿌리가 어디에 있는지, 그리고 그 근원적 존재와 나는 어떤 관계 속에 있어야 하는지를 진지하게 함께 성찰해보고자 합니다. 이 부족한 책이 그 진솔한 탐구의 여정에 아주 작은 도움이라도 드릴 수 있게 되길 바랍니다.

안환균

그러니까 신화지!

"하나님이 말 몇 마디로
천지 만물을 만들었다고?
그러니까 신화지!"

주위에서 성경을 읽어보라는 권유를 받고
첫 장을 펴서 읽다가 이내 접어버리는
이들이 곧잘 내뱉을 법한 말이다.

실제로 성경 창세기 1장에는
아무런 건축 도구도 없이
하나님께서 말로만 "해 나와라,
달 나와라"라는 식으로 명령해서
만물이 창조되었다고 기록되어 있다.

말씀을 통한 창조의 신비는
눈에 보이는 현상만을
관찰 대상으로 삼는
과학으로 다 설명될 수 없다.

그래서 예나 지금이나
이야기체로 전하는 선포가
수많은 논문이 동원되어도 턱없이 부족할
천지창조의 세세한 사건을 기록하는 데
가장 무난한 소통 방식이다.

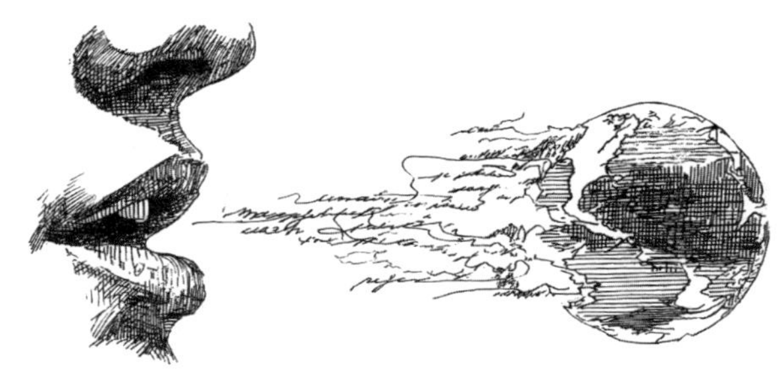

접점

창조주 하나님은 관찰과 실험으로
증명할 수 있는 물리적 실체가 아닌 데다
과학적 방법론으로 검증되거나
반증될 수 없는 초자연적 존재다.

과학은 어떻게 세상이
질서화되었는지를 탐구하지만,
누가 그 정보를 부여했는지는
다루지 않는다.

'어떻게'를 다루는 과학과 '누가',
'왜'를 다루는 기독교 진리는
탐구하는 대상과 방법론이 다르다.

그렇다고 해서 둘 사이의 접점이
전혀 없는 건 아니다.

성경의 하나님이 말씀으로
세상 만물을 창조했다면,
세상에서 그러한 창조 사건의
흔적들이 발견될 수 있다.

그 흔적들을 통해 창조의 신비의
일부라도 조명해낼 일정한 과학적,
논리적 근거를 탐색하는 작업은 가능하다.

인격체로 살기를 포기한 사람

“아하, 달이 저기 떠 있는 걸 보니까
나도 떠 있구나!”

밤하늘에 꽉 차게 떠오른
보름달을 본 순간 깨달았다.

하나님이 “아무것도 없는 곳에
매다신”(욥 26:7) 둥근 지구는 그 아래
지표면에 꽉 잡혀 출렁이는 거대한
바닷물 아래로 수십만 톤의 유조선이
거꾸로 붙어다니는 희한한 곳이다.

성경에서 하나님은 사람도 지구상의 땅처럼
흙으로 지어져 흙에서 난 음식을
먹고 살다가 흙으로 돌아간다고 말한다.

"네가 먹을 것은 밭의 채소인즉
네가 흙으로 돌아갈 때까지 얼굴에 땀을 흘려야
먹을 것을 먹으리니 네가 그것에서 취함을 입었음이라.
너는 흙이니 흙으로 돌아갈 것이니라"(창 3:18-19).

지구에 오대양 육대주가 있듯
인체에도 5장 6부가 있고,
지구처럼 인체에도 물이 70% 있어
적정한 수분 유지가 건강에 좋고,
지구의 사계절이 인생의 사계절과 닮았다.

이 질서정연한 창조 세계를 일관되게 그저 우연의
소산이라고만 여긴다면, 지성과 감정, 의지를
두루 균형 있게 발휘하는 인격적인 존재로
살아가기를 포기한 사람이라고 봐야 할지 모른다.

기독교 밖에서나 안에서나

기독교는 단순히 종교의 하나가 아니라
창조주 하나님의 창조질서 그 자체여서
모든 피조물에게 예외 없이 다 적용되는 진리다.

전도는 모든 사람이 기독교 바깥에서도
기독교 안에서와 똑같이 그 창조질서의
덕을 입고 살아간다는 구체적인 실상을
소상히 안내해주는 일이다.

치아를 통하지 않고는 음식을
섭취할 수 없는 것처럼 몸을 가진 나는
이미 정해진 법칙에 따라서만 살아야 한다.

세상이 우연히 생겨나지 않았다면
누군가에 의해 창조된 것이며
그 사이에 어중간한 제3의 옵션은 없다.

그 누군가가 그리스 신화 속의 신이든
성경 속의 신이든 우연만 아니라고 확실하게
인정할 수 있다면 반드시 그 누군가를 만날 수 있다.

세상을 만든 신이 있다고는 인정하겠는데 어느 종교의
신이 진짜인지 몰라 골치 아파서 안 믿는다는 태도는
신이 없다고 믿는 무신론과 실제로는 똑같다.

신이 정말 존재한다면 자신을 만날 길을
누구도 쉽게 놓칠 수 없도록 아주 오래 전부터
제시해놓았을 것이며, 인격적으로 만날 수 없는
존재일 때만 신은 확실히 없다.

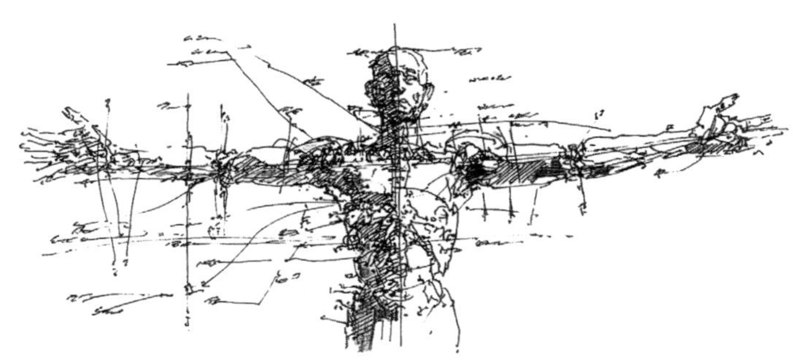

강아지의 헛발질

말이나 글을 모르는 강아지나 아기가 발이나 손으로
컴퓨터 자판을 제맘대로 두들긴다고 상상해보라.
수억 년이 지나도 의미가 통하는 말은 안 나온다.
무작위 입력은 아무리 많은 시간을 들여도
의미 있는 패턴을 만들어내지 못한다.

우연은 뭔가 실체를 가진 어떤 것이 아니라
그야말로 아무것도 아니며, '비일관성',
'돌발성'을 의미하는 용어의 하나에 불과하다.
이러한 우연에 의해서는 아무리 많은 시간이 지나도
정밀한 질서와 정보를 갖춘 세상 만물이 나올 수 없다.

정교한 물리 법칙, 안정적인 화학 결합,
복잡한 생명 정보가 촘촘히 얽혀 있는 세상 만물은
처음부터 분명한 방향성과 의도를 품은
지성적인 존재를 통해서만 산출될 수 있다.

"신이 존재한다는 걸 어떻게 알 수 있나?"
청년부 수련회에서 한 청년이 내게 던진 질문이다.
우리가 사는 세상에 아무것도 없다면 신도 없다.
그러나 뭔가가 있는데, 사람을 포함해 그 '있는 뭔가'가
다 우연히 존재하게 되었다고 보기에는 도저히
불가능할 만큼 너무도 정교하고 질서정연하다.
그래서 신의 존재가 필요불가결해졌다.

그러나 신은 자연세계의 창조자이고, 과학은 자연
현상만 검증할 수 있기에 신의 존재는 증명할 수 없다.
만약 신이 완전히 증명 가능한 존재라면, 보이지 않는
것을 보는 믿음(히 11:1)의 본질과 어긋나게 된다.
그래서 신은 누구든 진실하게 믿으려는 의지만 있다면
믿을 수 있는 만큼은 충분한 증거들을 주고 자유의지로
자신을 거부할 수도 있는 개개인에게 인격적으로
설득하는 방식을 통해서만 자신을 드러내기로 했다.

말도 안 되는 비과학적 신화?

"말씀으로 세상을 창조했다"는 성경의 선언은
말도 안 되는 비과학적 신화가 아니다.

현대 과학과 철학도 우주가
언어와 유사한 규칙성을 따라,
그리고 일정한 의미와 수학적 법칙과
정보 구조에 따라 구성되고
움직인다고 증언한다.

세상만물이 어떤 지적 존재에 의해
창조되었다면 그 지성을 담아낼
가장 적합한 도구는 말이다.

성경은 말씀을 창조의 도구이자 원리로 제시한다.
세상은 단순한 물질의 집합이 아니라 언어처럼
지성과 의미, 목적을 반영하는 질서체계여서다.

세상은 혼돈이 아닌 질서,
우연이 아닌 설계, 무의미가 아닌
의미를 기반으로 존재하는 피조물이다.

하나님께서 이 지구를 공허하게 지으시지 않고
처음부터 의도적으로 사람이 거주할 수 있는
특정한 환경을 갖추도록 설계하셨기 때문이다.

"하늘을 창조하신 이 그는 하나님이시니
그가 땅을 지으시고 그것을 만드셨으며 그것을
견고하게 하시되 혼돈하게 창조하지 아니하시고
사람이 거주하게 그것을 지으셨으니 나는 여호와라.
나 외에 다른 이가 없느니라"(사 45:18).

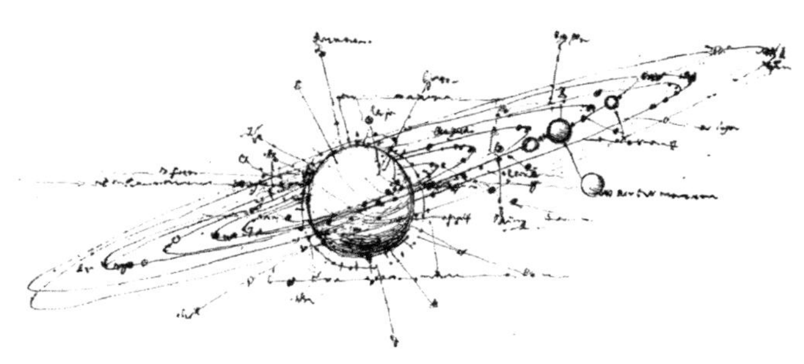

무인도에서 책을 발견한다면

무인도에서 정보가 담긴 책을 발견한다면
우연스럽게 지성적 작용 없이 그냥 거기에
처음부터 존재하게 되었다고 여기지 않는다.

생물학적 생명 또한 특정 정보를
기반으로 하는데, DNA는 무작위로
조합된 정체불명의 혼합물이 아니다.
생명 유지와 번식을 위해
질서 있게 배치된 정보 코드다.

현대 분자생물학에 따르면,
이 코드는 단백질 합성, 세포 분열,
대사 조절 과정에 정밀하게 작동한다.
세포 안의 DNA는 단순한 화학적
구조가 아니라 치밀한 지성에 따른
특정 목적과 기능을 탑재한 지시 체계다.

세포막, 핵, 미토콘드리아 등으로
구성된 세포 안에서는 생명을 유지하기 위해
끊임없이 수많은 생화학 반응이 일어난다.

영양분을 에너지로 바꾸고,
필요한 물질을 합성하며,
노폐물을 제거한다.

정보는 정보 제공자를 필요로 하듯
생명의 기원에는 유일하게도
자기 존재에 외부 원인이 필요 없는
'스스로 있는 자'(출 3:14)만의
지성이 요구된다.

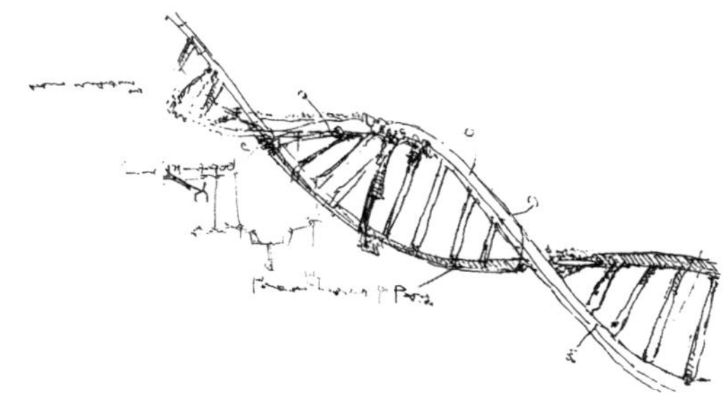

말은 곧 사건이기에

"태초에 말씀이 계시니라.
이 말씀이 하나님과 함께 계셨으니
이 말씀은 곧 하나님이시라"(요 1:1).

여기서 말씀은 헬라어로
'로고스'(Logos)다.

논리를 의미하는 단어 '로직'(logic)의 어원으로
우주를 질서 있게 유지하는 이성적 원리,
만물의 내적 법칙으로 이해되기도 한다.

이 단어의 히브리어 '다바르'는
단순히 말하는 행위를 넘어
하나님의 역동적인 의지와 능력을 의미한다.

히브리인들에게 말은 곧
사건으로 받아들여진다.

하나님께서 "빛이 있으라"(창 1:3)라고
말씀하실 때 빛이 창조되었듯
다바르는 선포되는 즉시 실현되는 능력으로서
말하는 이의 인격과 의지요,
그 의지를 관철하는 권능 그 자체였다.

만물을 붙드시는 말씀

영원 전부터 세상을 창조하실
하나님의 생각과 계획이 말씀을 통해
구체화된 것이 천지창조다.

그래서 그 천지만물에는 하나님의 말씀이
불변의 질서를 가진 법칙으로 작용한다.

"그의 능력의 말씀으로 만물을
붙드시며"(히 1:3)라는 말씀대로
매 순간 중력과 같은 여러 법칙에 따라
끊임없이 만물이 존재하고 유지된다.

우주는 스스로 균형을 잡는
무인 시스템이 아니다.

중력, 전자기력, 양자역학,
열역학 등의 일관된 법칙 체계는
시간과 장소, 온도, 압력의 변화에
상관없이 동일하게 작용한다.

이러한 안정성은 세계가 창조주의 말씀에
매 순간 강력하게 붙잡혀 있다는 사실을 보여준다.

각 사람 또한 세상을 떠날 때는
심판대 앞에 서는 것으로 '세상 산 값'을
예외 없이 다 물어야 하는데,
처음부터 끝까지 하나님의 이러한 능력으로
매 순간 철저한 돌보심과 보호하심의
은총 가운데 살고 있었기 때문이다.

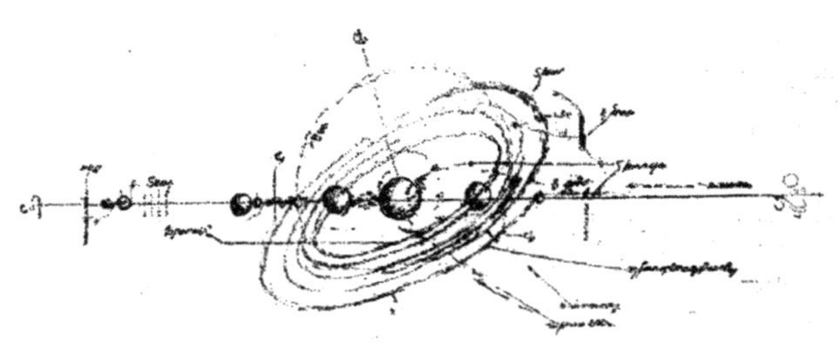

그의 말씀이 속히 달리는도다

"그의 명령을 땅에 보내시니
그의 말씀이 속히 달리는도다.
눈을 양털같이 내리시며
서리를 재같이 흩으시며 …
그의 말씀을 보내사 그것들을
녹이시고 바람을 불게 하신즉
물이 흐르는도다"(시 147:15-18).

지구상의 기상 변화는
지속적인 현재진행형으로
하나님께서 말씀으로 세워두신
법칙대로 이뤄진다.

무신론자들이 막연히 어디엔가
존재할 거라고 강변하는
'우연의 법칙' 같은 건 없다.

무작위의 우연과 달리
법칙은 반복성과 예측성,
수학적 구조를 가진 규칙성을 의미한다.

실제로 현대 기상학과 지구과학은
지구 환경이 열역학, 유체역학,
태양 복사, 해양 순환 같은
일정한 법칙적 패턴 속에서
움직인다고 알려준다.

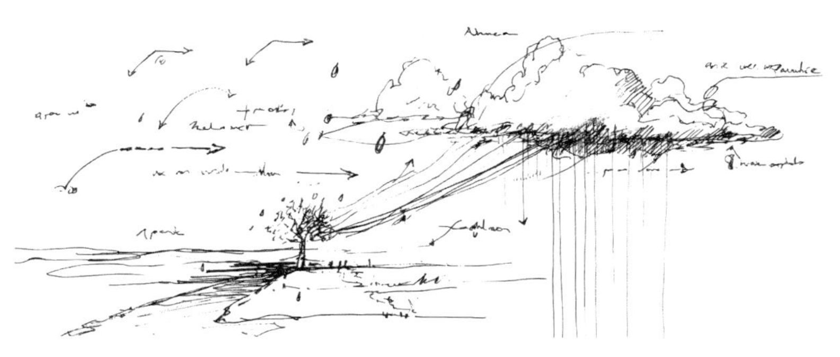

집 짓는 말

"집마다 지은 이가 있으니
만물을 지으신 이는 하나님이시라"(히 3:4).

어떤 건축물도 스스로 생겨나지 않는다.

건축주가 먼저 목적을 세우고,
설계사에게 집의 크기나 형태,
방의 수, 재료 선택 같은
구체적인 정보를 전하면,
도면화된 그 정보대로
기술자들이 실제로 집을 짓는다.

정보가 구조를 형성한다는 현대과학의
기본원리대로 집은 말이 구체화되어
그 정보에 따라 형태를 갖춘 것이다.

일상의 모든 기기들 역시
처음에 개발자의 생각과 지시,
곧 언어적, 논리적 정보가 없었다면
만들어질 수 없었다.

그런데도 정교한 세상만물이
특정 정보 없이 대충
우연히 지어졌다고 여기려면
대단한 믿음이 필요하다.

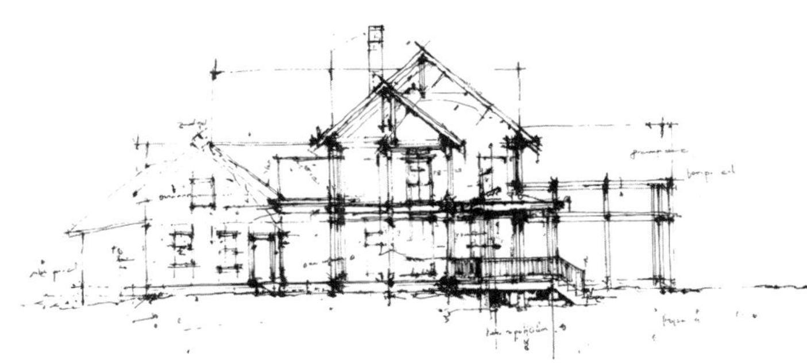

어제 병원에 갈 거야(?)

창조물의 특성은 표현성과 논리성,
개념성을 지닌 말의 특성과 같다.

"어제 병원에 갈 거야"라는 말은
표현은 있지만 논리가 안 맞아 말이 안 된다.

손은 엄지와 다른 손가락들의 방향이 직각이고
손가락 마디에 주름이 있어야(표현)
뭔가를 쥘 수 있는(논리) 손이 된다(개념).

남자와 여자의 성 기관이 각기 기능에 맞도록
세밀하게 서로 다른 형태를 지닌 것 또한 마찬가지다.

인체를 구성하는 각 요소의 형태와 기능이
다 논리적이어서 눈이나 입 같은 각 부위도
의미 있는 존재로서의 개념을 지닌다.

생물학에서는 이를 형태와 기능이 일치된 예라고 보며,
단순한 재료의 조합이 아니라
특정한 목적을 갖춘 정보 구조라고 설명한다.

모든 창조물은 하나의 유의미한
문장처럼 구성되어 있다.

특히 의학이 고도로 발달한 지금은 입체적인 의료
영상들을 통해 인체의 각 기관이 고유의 역할에
최적화된 형태와 기능을 갖추고 서로 톱니바퀴처럼
맞물려 정교하게 작동하는 '신비'를 쉽게 확인할 수 있다.

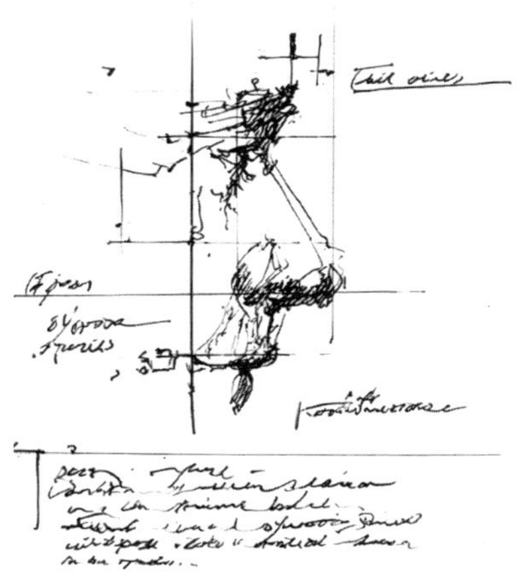

존재의 집

하이데거는 "언어는 존재의 집"이라 말했고,
비트겐슈타인은 "언어가 세계의
논리적 구조를 반영한다"고 말했다.

철학적으로도 말이 존재를 규정하는 것이어서
언어로 표현할 수 없다면 세계도 없는 것과 같다.

하나님의 말씀으로 만물이 창조되었기에
모든 존재가 논리적인 말로 규명할 수 있는
언어적 질서와 구조를 가진다.

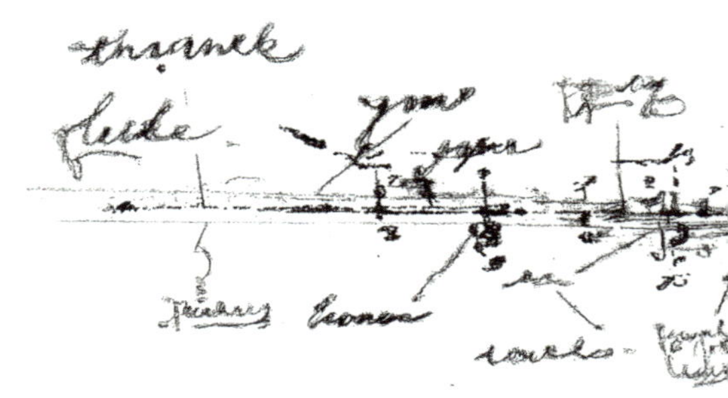

사람이 수학 공식이나 과학 법칙,
논리적 명제로 세계를 해독하고
설명할 수 있는 이유도 마찬가지다.

말씀이 창조의 이성적 설계도가 아니라면
어떤 존재물을 사람이 논리적으로
이해할 수 있는 근거 또한 전혀 없다.

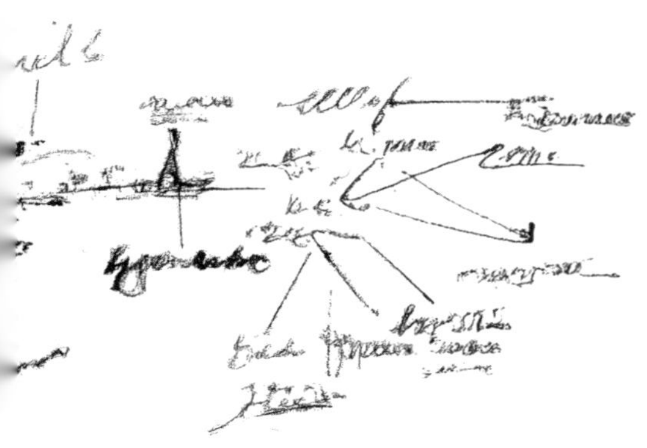

말이 씨가 된다

하나님께서 무(無)에서 유(有)를 창조해내는 일에
말씀을 사용하신 것처럼, 그 하나님의 형상대로
지어진 사람 역시 실제로는 말을 사용해서
뭔가를 만들거나 세우거나 이룬다.

내 삶은 이제까지 내가 심어온 내 말의 열매이며,
"말이 씨가 된다"는 말은 결코 빈말이 아니다.

사람이 어떤 말을 하면서 사느냐로
그에 걸맞은 눈에 보이는 결과물을 얻는 것도
하나님께서 세상에 정하신 창조의 법칙에 속한다.

일상의 관계와 상황 속에서도
실제로 말은 없던 것을 있게 하시는
창조주 하나님의 능력을 덧입는 주된 통로다.

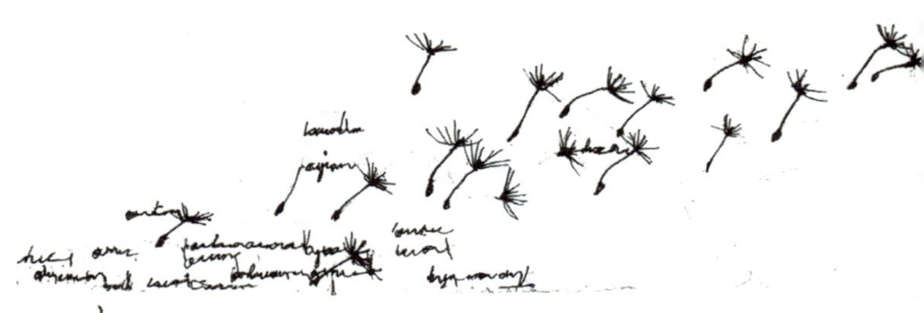

"너희 말이 내 귀에 들린 대로
내가 너희에게 행하리니"(민 14:28).

때로 말 한마디가 사람을 살리고
천 냥 빚도 갚는다.

직장에서도 리더가 무언가를 명령하면
그렇게 말한 그대로 일이 이뤄진다.

우리는 이 세계를 말로 이해하고
이웃과도 말로 관계를 맺고 사는 가운데
하나님이 세우신 창조질서인 이웃 사랑의
관계공동체, 곧 세상을 꾸려간다.

인격과 인격의 만남을 잇는 다리

군대에 간 아들이 보낸 편지를 읽다가
거기서 아들과 상봉한 감격에
눈물짓는 어머니를 상상해보라.

종이에 적힌 글은
단순한 잉크의 배열이 아니다.

글은 소리 없는 아들의 말이며,
그 한 글자마다에 어머니를 사랑하는
아들의 마음 또는 영혼이 박혀 있다.

글은 영혼의 움직임이 외형을 갖춘
하나의 매체가 되기에 시공을 넘어
인격과 인격의 만남을 이어주는 다리가 된다.

영이신 하나님이 자신의 뜻과 성품,
의도를 담은 성경을 읽으면
언제 어디서든 그분을 만날 수 있다.

성경에 기록된 글자들이 모여 만들어내는
의미의 문맥이 곧 하나님의 뜻이요, 마음이다.

그 말씀에는 하나님께만 있는 창조의 의지와 능력이
결합되어 있어 누구든 하나님의 말씀을 올바로 만나면
그분만이 주실 수 있는 실체적 생명을 얻을 수 있다.

말씀이 곧 하나님이시기에 하나님을 만나려면
구만리 창천이나 우주 바깥까지 올라갈 필요 없이
성경에 녹취되어 있는 그분의 음성을 들으면 된다.

말이 곧 그 사람

일본에서는 한때 맞선 장소에서
중간에 커튼을 쳐 남녀가
서로의 외모를 보고 선입견을 갖기 전에
먼저 대화를 나누게 해서
성사율을 높였다고 한다.

사람은 외모로 규정되는 존재가 아니라
말을 통해 자신을 드러내고
이웃과 관계를 맺는 언어적 존재다.

"말이 곧 그 사람"이라고 하듯
개인의 언어는 그의 본모습을
그대로 드러내는 인격의 창이다.

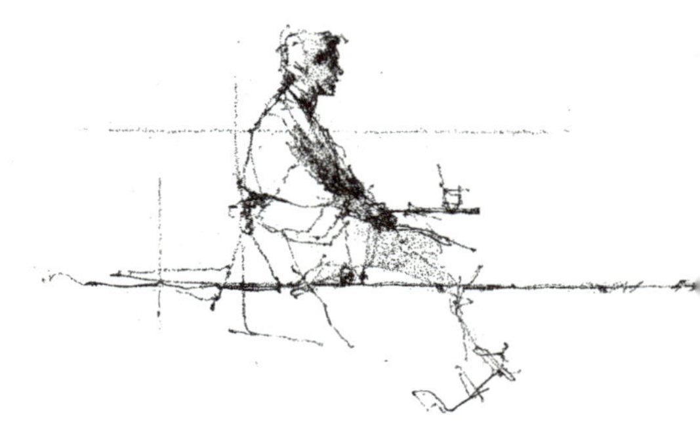

말씀이신 하나님의 형상대로 지어진
사람의 본질도 말이다.

사람의 실체인 보이지 않는 영혼이
물리적 육체에서 분리되는 죽음을 겪게 되면
맨 먼저 말이 없어진다.

사람에게 영혼이 없다는
유물론이 사실이라면
논리상 말이 없어질 때
몸도 동시에 없어져야 맞다.

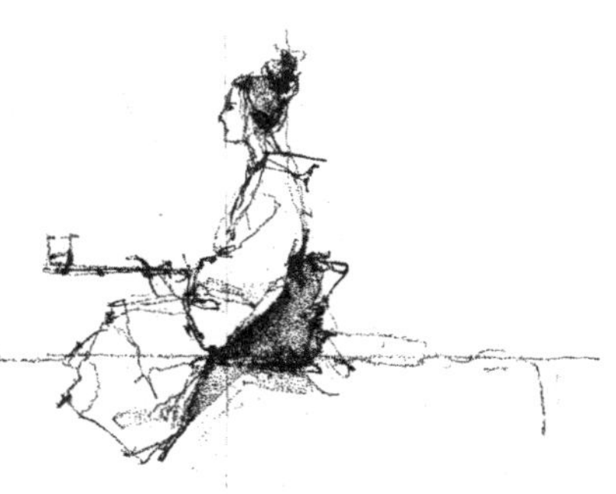

나도 안 보인다

"사람이 내게 보이지 아니하려고
누가 자신을 은밀한 곳에 숨길 수 있겠느냐.
나 여호와가 말하노라.
나는 천지에 충만하지 아니하냐"(렘 23:24).

우주의 만상을 옷처럼 걸쳐 입으시듯
하나님은 우주에 충만하시고도
그 안에서는 안 보이지만
보이는 우주 만물을 다 붙들어
유지하시고 주관하신다.

하나님의 형상을 따라 지어진 나 역시
내 몸을 옷처럼 걸쳐 입고 있다.

그러면서도 몸 안에서는
내가 안 보이지만 그 안에 충만히 있고,
안 보이는 내가 보이는 내 몸의
모든 활동을 주관한다.

손끝 하나도 마음과 분리된 채
홀로 작동하는 경우는 없다.

그러나 개복 수술 중에
내 몸 안의 장기들을 하나씩 들춰봐도
그것들 가운데 어디에서도
나는 안 보인다.

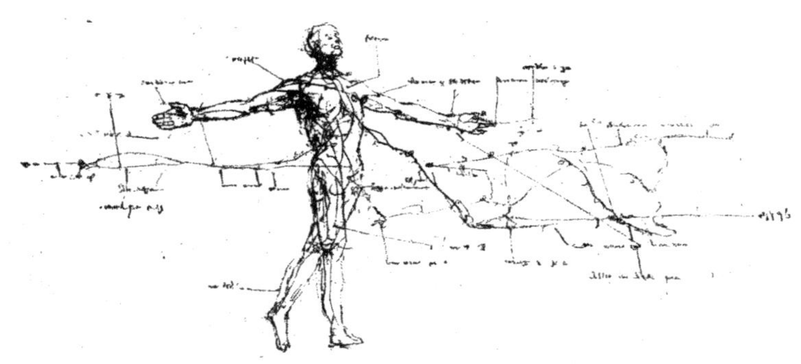

세상 자격

성경은 하나님의 창조 행위를 표현하면서
하나님의 말씀을 그분의 지혜와 동일시한다.

"여호와여, 주께서 하신 일이
어찌 그리 많은지요. 주께서 지혜로
그들을 다 지으셨으니"(시 104:24).

하나님이 의미를 조직하고
논리를 부여하며 질서를 세우는
이 지혜의 말씀으로
세상을 창조하시지 않았다면,
우주의 구조에 규칙적이고
재현 가능한 패턴도 없었을 것이다.

자연의 법칙을 탐구하는 과학,
우주의 원리를 체계화하는 철학,
자연세계의 구조와 패턴을 연구하는
수학이나 공학도 성립될 수 없었을 것이다.

학문은 본질적으로 세계가 합리적이고
해석 가능한 구조를 가지고 있다는
전제 위에서만 성립되기 때문이다.

예측 가능하고 일관된 규칙성이 없다면
세상 자격이 없다.

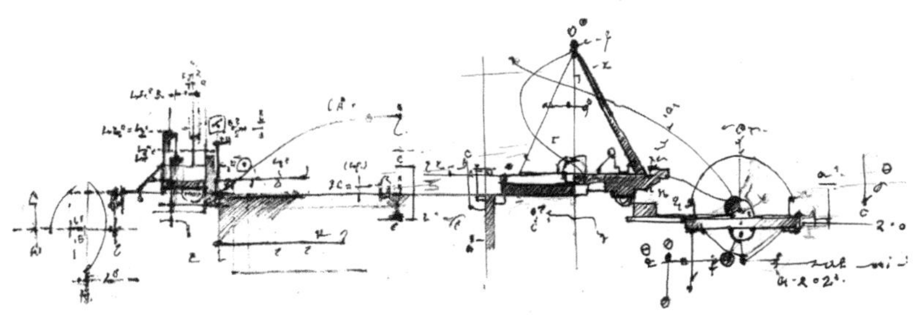

난 도저히 못 믿어!

거대한 철과 합금으로 만들어진 비행기는
많은 사람을 싣고 공중을 날아다니는
무거운 철통이다.

현대인들은 비행기를 발달한
지혜의 산물로 받아들이지만,
지금보다 문명이 덜 발달된
고대시대의 사람들은
비행기의 존재를 도저히 믿지 못한다.

제한된 감각적 경험과 지식에 매인
그들의 상식에는 비행기란 개념 자체가
그저 신화적, 초자연적 이야기다.

지금의 우리보다 무한히 더 탁월한
문명과 지식을 가지신 창조주 하나님의

상상을 초월할 만큼 놀라운 창조의 지혜와
능력을 계속 의심쩍은 눈으로 깎아내리기에 바쁜
우리 모습과도 많이 닮았다.

우주에서 겨우 한 점의 지식만 가지고도
사람들은 제한된 자기 지식으로
이해할 수 있는 것만 존재한다고 확신한다.

"깊도다, 하나님의 지혜와 지식의 풍성함이여,
그의 판단은 헤아리지 못할 것이며 그의 길은
찾지 못할 것이로다. … 누가 주께 먼저 드려서
갚으심을 받겠느냐. 이는 만물이 주에게서 나오고
주로 말미암고 주에게로 돌아감이라"(롬 11:33-36).

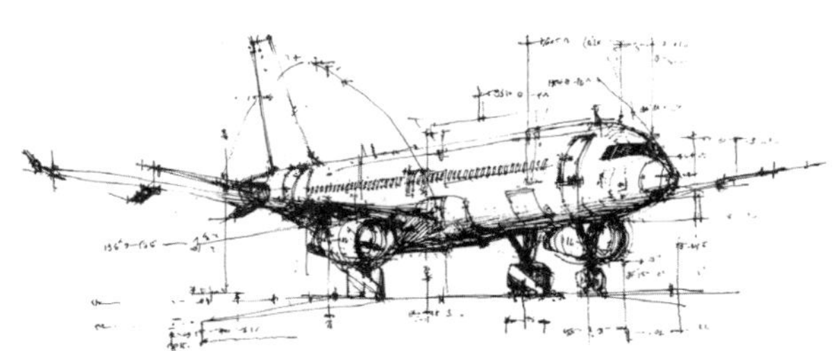

질서화된 정보 구조

"혼돈하고 공허하던"(창 1:2) 땅에서
에너지와 물질만으로는 질서와 목적을 지닌
유의미한 형태가 만들어질 수 없었다.

물질과 에너지는 그것을 구조화하고
방향성을 부여하는 정보가 없으면
목적과 질서를 지닌 세계로 드러나지 않는다.

정보가 건축 설계도라면 에너지는
그 설계도를 실행하는 공사의 노동력과 같아서
둘이 함께 작동해야 건물이 선다.

창조 사건에서 말씀은 우주의 논리적 틀과
방향을 세우며 동시에 존재를 구성하고
패턴과 형태를 부여하는 창조적 능력으로 작동한다.

"있으라 하시니 있었다"는 말씀은
만물이 하나님의 지성과
창조의 능력 안에서 형태와 기능,
곧 의미와 목적을 지닌 질서화된
정보 구조로 현실화되었다는 선언이다.

"빛이 있으라"(창 1:3)라는 명령은
단순한 음성에 머물지 않고,
하나님께서 영원 전부터 말의 표현성과
논리성, 개념성을 갖춘 빛의 질서화된
정보 구조를 구상하신 그대로
태초에 그 고유한 창조의 능력과 지혜로
시공간 속에서 실체화시키신 말씀,
곧 로고스였다.

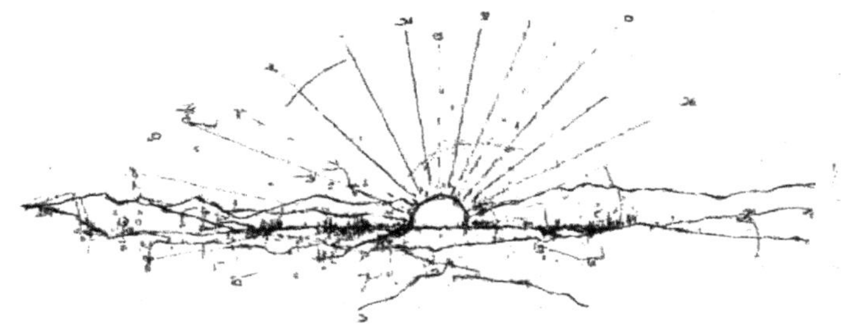

물질의 최소 단위

양자(量子)는 에너지나 물질이
더 이상 임의로 쪼개지거나
세분화될 수 없는 최소 단위를 가리킨다.

양자역학은 이러한 양자들이
어떻게 움직이고 상호작용하며,
관찰될 때 어떤 방식으로
현실에 나타나는지를 설명한다.

일상적으로 보기에 빛은 연속적인
빛줄기처럼 보이지만, 실제로는 빛 알갱이,
곧 광자(光子)들이 모여 있는 것이다.

스마트폰의 반도체 칩, 레이저, LED 조명, USB,
MRI 같은 기술은 모두 양자역학에 대한 이해를
설계도로 삼아 구현된 결과다.

모든 물리 현상의 배후에는
양자의 정교한 운동과 규칙이 있고
그 질서가 안정적으로 유지되기에
과학 기술 역시 성립한다.

양자의 세계는 우주 전체가
특정 법칙과 수학적 구조 속에서
움직이고 있다는 사실을 보여주며,
이는 양자의 세계야말로
우주와 자연의 질서가
가장 근본적인 수준에서 작동하는
시스템이라는 의미다.

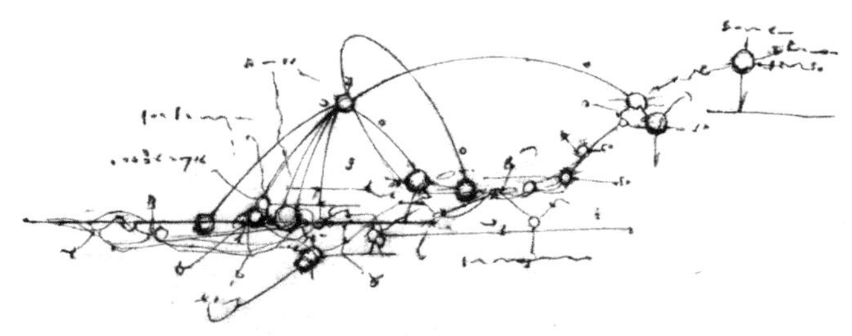

양자역학의 발견

물질을 이루는 원자들 사이에는 빈 공간이 많지만,
원자 주위 전자들의 에너지 상태와 전자기력이
원자들을 서로 붙잡아주기에 단단한 고체가 존재한다.
물질의 고체성은 원자들을 묶는 전자기적
결합에서 나오며, 전자기장과 양자 진동은
그 결합이 작동할 무대를 제공한다.

양자역학에 따르면, 물질을 이루는 입자들은
입자이면서 동시에 파동으로 존재하며, 물질은
이러한 양자 상태들이 안정된 구조로 나타난 결과다.
물질은 단순한 고형 덩어리가 아니라 전자기장과
양자적 파동이 일정한 규칙 속에서 안정화된 구조다.
우주의 물질 세계는 이러한 파동적, 양자적 구조들의
정교한 상호작용 위에 형성된 질서체계다.
양자역학은 물질을 더 이상 고정된 알갱이로 보지 않고,
상호작용과 수학적 구조로 기술되는 존재로 이해한다.

말하자면 우주는 고체 덩어리가 아니라 보이지 않는
정보적 질서에 의존해 물질이 성립한 세계,
물질이 그 질서 위에 떠 있는 것처럼 존재하는 세계다.
물질은 그 자체로 자립하거나
스스로를 지탱하는 것이 아니라
보이지 않는 정보적 질서에 의해 규정되고
그 질서에 의존해 존재한다는 것이
양자역학의 세계가 보여준 우주에 대한 이해다.

여기서 질서를 정보로 이해한다면
그 정보의 근원을 우연의 산물로 보기는 어렵다.
정보는 항상 구조를 전제하고
구조는 목적과 의미를 향한 방향성을 지닌다.
우주가 정보적 질서 위에 성립한 세계라면
그 근원에는 우연이 아니라 의도를 지닌 지성,
곧 로고스가 있어야 한다.

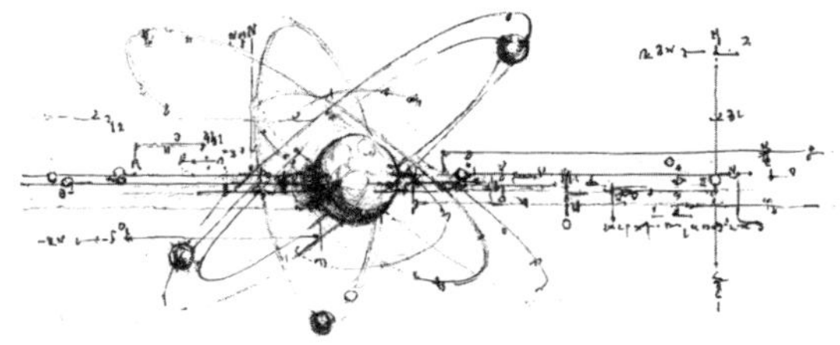

물질은 고정된 실체가 아니다

물질은 고정된 실체라기보다 에너지가
특정한 방향성과 정보 구조 안에서 안정된 형태로
조직된 결과라면, 우리가 일상에서 접하는
모든 가시적 물질은 비가시적 에너지와
그 전이 과정이 드러난 형태라고 볼 수 있다.

아인슈타인의 질량-에너지 등가원리($E=mc^2$)에
따르면, 조건에 따라 에너지(E)는 물질로 응축되고,
물질, 곧 질량(m)은 에너지로 전환될 수 있다.
물질과 에너지는 서로 변환 가능한
물리적 실체의 두 양상인데, 핵분열은
질량의 일부가 에너지로 전환되는 대표적 사례다.

말은 생각에서 나오고, 생각에는 에너지가 든다.
가만히 앉아 머리만 쓰는 공부만 했는데도 때가 되면
음식을 먹어 칼로리를 보충해줘야 다시 힘을 얻게 된다.

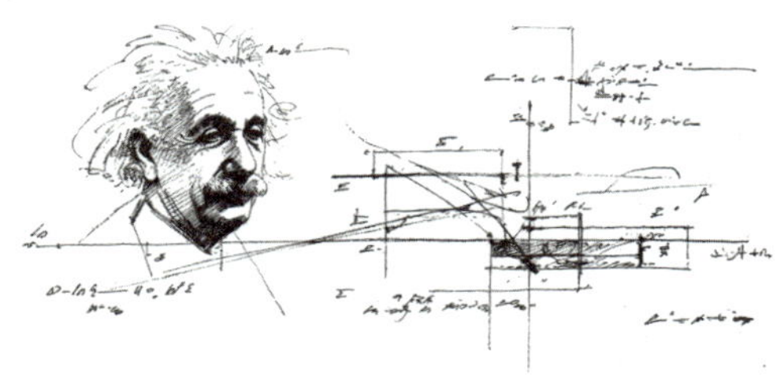

따라서 말은 정보를 담은 에너지의 한 표현이다.
하나님께서 말씀으로 만물을 창조했다는 것은
근원적 정보가 에너지를 매개로 해서
만물로 질서 있게 현실화되게 하셨다는 것이다.

무한한 창조의 근원이신 하나님께서
그 능력을 물질 세계로 드러내실 때
그 질서와 방향을 규정하는 것이 정보다.
말씀, 곧 정보는 무작위가 아니라
구조와 의미를 지닌 세계가 되도록
창조의 능력을 형성하는 설계도다.

이 말씀은 태초부터 하나님과 함께 계셨고,
만물이 그로 말미암아 지은 바 된(요 1:3)
로고스로서 하나님의 창조의 권능을 형태와
기능을 지닌 만물로 드러내는 지성적 근원에 속한다.

보이는 것의 근원

"믿음으로 모든 세계가
하나님의 말씀으로 지어진 줄을
우리가 아나니 보이는 것은
나타난 것으로 말미암아
된 것이 아니니라"(히 11:3).

소프트웨어 없이 하드웨어가
스스로 작동할 수 없듯
가시적 세계는 비가시적 근원과
질서의 원리를 전제한다.

성경은 그 근원이 맹목적인 우연이 아니라
창조의 의지와 질서를 담은
하나님의 말씀이라고 증언한다.

내 핸드폰의 모든 데이터는 누군가의 설계를 담고 있다.
내가 자주 사용하는 특정 프로그램은 당장 내 눈에는
안 보이는 프로그래머의 치밀한 지적 작업의 결과다.

우주의 가장 복잡한 정보 체계인 생명이
아무런 의도나 목적 없이 그냥 우연히 생겨났다고
설명하려는 시도는 과학적이라고 보기 어렵다.

그러나 자연주의적 세계관은 가장 정교한 창조물인
생명체의 고도화된 정보 구조마저 단순한 물질적
부산물로 환원시키며, 그 질서와 정보의
궁극적 기원에 대해서는 침묵으로 일관한다.

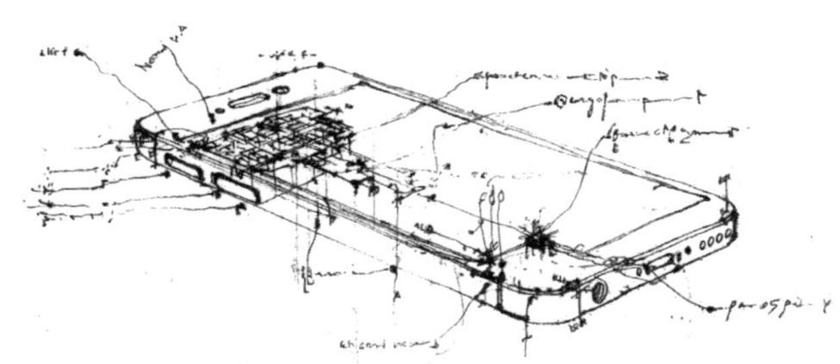

영이 어떻게 물질을 창조하나?

"하나님은 영이시니"(요 4:24) 시공을
초월하고, 우주의 구조나 물리 법칙에
예속되지 않는 분이시며, 물질의 한 종류가 아니라
물질 세계 전체의 근원이시다.

본성상 물질은 변화를 겪고 상호작용에 의존하며,
완전히 닫힌 자율적 체계로 존재하지 않는다.
따라서 물질은 스스로 존재의 근거가 될 수 없고
그 바깥의 능동적 원인을 필요로 한다.

"태초(시간)에 하나님이
천(공간)지(물질)를 창조하시니라"(창 1:1).

이 말씀은 시간과 공간, 그리고 물질계 전체가
영원하신 하나님의 주권적인 창조 행위 안에서
시작되었다고 선포한다.

우주의 기원이 자연적인 과정이나 우연이 아니라
의도적인 창조의 지혜와 목적을 가진
하나님께로부터 비롯되었다고 강조한다.

우주의 세 요소인 시공간과 물질을 창조하려면
그 창조의 근원은 우주에 속한 존재가 아니라
우주를 초월한 무한한 분이어야 한다.

그래야만 우주 만물을 창조할 뿐만 아니라
매 순간 그것을 유지하고 운행할 능력을 지닐 수 있다.

절대적 무한은 논리상 하나일 수밖에 없기에
창조의 신은 신화 속의 복수의 신들이 아니라
유일하신 하나님이어야 한다.

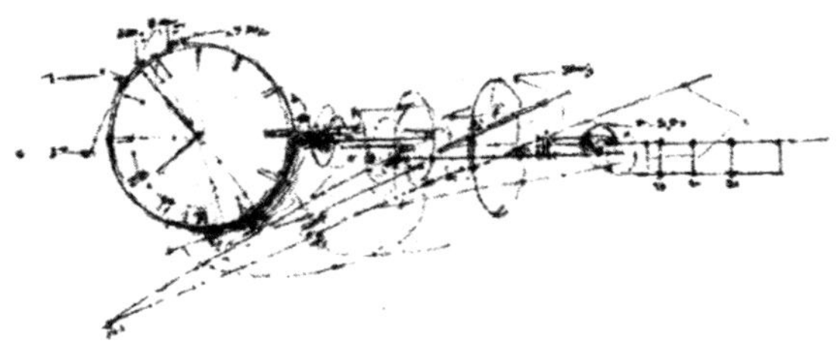

빛의 이중성과 하나님의 섭리

"하나님은 빛이시라"(요일 1:5)라는
선언은 하나님의 도덕적 거룩함을 넘어
우주의 통치 원리를 암시한다.

빛은 공간을 연속적으로
퍼져나가는 파동성과 특정 시점에
특정 장소에서 물질과 상호작용하는
입자성을 동시에 지닌다.

하나님은 파동처럼 우주에 편재하시면서
피조물을 유지시키는 일반 자연법칙을 주관하시며,
동시에 입자처럼 필요한 순간에
개별적으로 개입하시면서 기적이나
계시로 특별섭리를 드러내신다.

만물을 살리는 창조주의 능력과 신성(롬 1:20)을
상징적으로 드러내는 해는 광합성 작용으로
지구상의 온갖 식물들을 실제로 살리며
그것들로 때마다 모든 생물을 먹인다.

해는 어디서나 보일 만큼 무소부재하고
만물을 살릴 만큼 전능해 보이며
그 영광은 누구든 직시하면 실명할 만큼 밝다.

"나를 보고 살 자가 없음이니라"(출 33:20).

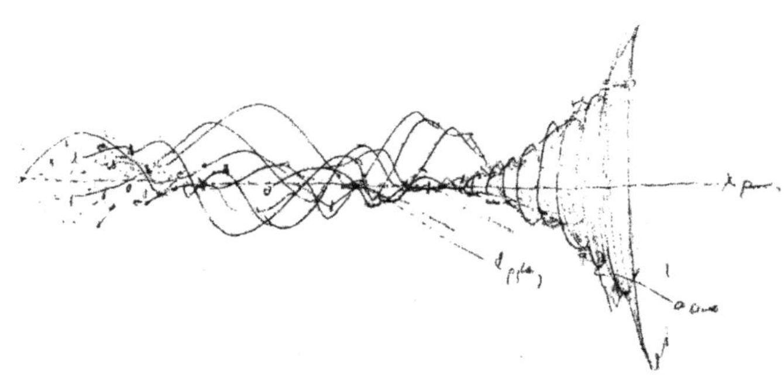

나는 세상의 빛이니

빛은 파동처럼 공간 전체로 퍼지면서도,
입자처럼 개별적인 에너지 단위로
물질과 상호작용한다.

빛이 이렇게 양성을 동시에 지니듯
시공을 초월해 파동처럼 편재하시던 하나님께서
인류사의 특정 시공간에 입자처럼
자신을 국한시켜 성육신하신 분인
예수님도 양성을 지니신다.

빛이 광자라는 입자적 성질로
물질과 상호작용하여 에너지를 전달할 수 있듯
예수님도 사람이 되셔야만
사람의 죽음을 대신하실 수 있었다.

빛이 파동적 성질로
우주 공간 전체에 퍼질 수 있듯
예수님도 하나님이셔야만
언제든 각 사람의 마음속에
‘예수의 영’(행 16:7), 곧 성령으로
임재하실 수 있다.

“나는 세상의 빛이니”(요 8:12)라는
예수님의 선언은 참 생명을 얻고자 하는 자는
누구든지 반드시 듣고 따라야 할
구속과 통치의 진리다.

세 하나님이 아니다

기독교에서 삼위일체 하나님은 성부, 성자, 성령의
세 인격으로 존재하시는 한 하나님을 의미한다.

'한 신성의 본체에 세 인격'이어서 '세 하나님'이 아니며,
세 인격은 구분되지만 분리되지는 않는다.

요한복음 1장 1절에서 태초에 계신 말씀,
곧 성자 하나님이신 예수님이
하나님과 '함께' 계셨으니
이 말씀이 곧 하나님이시라고 표현한 것에
서로 구분되지만 분리되지는 않는
삼위일체 하나님의 속성이 잘 드러나 있다.

하나님의 형상으로 지어진 각 사람의
영과 혼과 몸(살전 5:23)이 서로 구분되면서도
분리되지는 않는 한 사람인 것과 유사한 면이 있다.

또한 세 인격이 3분의 1씩 합해져
한 하나님이신 게 아니라 각 인격으로
완전한 하나님이시며,
세 인격 간에는 논리적인 순서만 있을 뿐
시간적인 선후관계가 없다.

세 인격은 능력과 영광과 권세에 있어
똑같이 동등하며, 서로의 안에 상호내주하신다.

따라서 지금 예수님이 임재하시면
어디든 삼위일체 하나님이 함께하신다(요 14:23).

예수님이 만인의 주가 되시기에
그분이 나신 해를 기준으로 인류역사가
주전(AD)과 주후(BC)로 나뉜 건 결코 우연이 아니다.

하나님의 본체

로고스(요 1:1)의 성육신을 통해
영이신 하나님께서 말씀으로 물질세계를
창조하신 사건의 정당성이 드러나고,
존재를 가능케 하는 근원이
인격이라는 진리까지 계시되었다.

성부에게서, 성자를 통하여, 성령 안에서 창조된
우주 또한 창조의 주체이신 삼위일체 하나님의
계시를 담아낼 매개체가 된다.

공간은 어디에나 계신 성부, 물질은 육체로 오신 성자,
시간은 하나님을 역사 속에서 계속 경험하게 하시는
성령을 비유적으로 상징한다.

삼위일체 하나님의 상호내주를 상징하듯
시공간과 물질은 서로 분리되지 않은 채
온 우주에 동시에 함께 존재한다.

하나님의 말씀으로 창조된 우주 만물이
기독교의 삼위일체 하나님의 영원하신 능력과
신성(롬 1:20)을 증명하는 것은 결코 우연이 아니다.

예수님이 누구신지를 잘 모른 채
별 생각 없이 그분의 신성을 부인한다면,
본의 아니게 우주의 구성 요소를
해체해버리려는 것과 같다.

복음의 ABC는 참 사람이신 예수님이
창조와 구원의 참 하나님 그 자신,
곧 하나님의 본체(빌 2:6)라는 것이다.

이것이 기독교는 여느 윤리적 종교의 하나가 아니라
창조질서 그 자체라는 사실의 대전제다.

작은 잎사귀 하나까지도

말씀을 통해 하나님을 만난 영혼이
바깥 세상의 자연만물을
태어나 처음으로 대하는 듯 다시금
새롭게 만나게 되는 이유가 있다.

그것을 지으신 분이 자신이 만난
그 성경 속의 하나님이란 사실이
그제야 영혼 깊은 속까지 실감되어서다.

성경 속에 자연이라는
또 다른 책이 이미 담겨 있었다.

자연에 새겨진 말씀이
성경 속의 바로 그 말씀이니까.

새들의 지저귐, 풀벌레들의 울음소리,
바람에 살랑이는 작은 잎사귀 하나까지도
다 하나님의 손길이요 숨결이다.

존재의 근원을
올바르게 인식하고 나면
누구나 이러한 세계관의
중대한 전환을 경험하게 된다.

이전에는 그저 익숙한 배경화면처럼
별다른 감흥 없이 느껴졌던 자연세계가
실은 창조주의 영광을 반사하는
빛나는 거울이었다.

기독교 복음, 팩트체크

무신론 시대의 기쁜 소식

하나님이 어떻게 말씀만으로 만물을 창조할 수 있나?

저자 안환균

초판 1쇄 발행 2026년 1월 30일

발행처 변증전도연구소

발행인 안환균

등록번호 제 2024 - 00005호

등록된 곳 서울시 광진구 능동로 19길 47 화양타워 603호 (우 05009)

전화 02) 467-0559

이메일 hkahn1337@hanmail.net

ISBN 978-89-969909-3-2 (03230)